EDAF

MADRID - MÉXICO - BUENOS AIRES

DEEPAK CHOPRA

LAS SIETE LEYES ESPIRITUALES DEL ÉXITO

Una guía práctica para
la realización de sus sueños

TEMAS DE SUPERACIÓN PERSONAL

Título del original:
THE SEVEN SPIRITUAL LAWS OF SUCCESS

© De la traducción: ALEJANDRO PAREJA
© 1994. Deepak Chopra.
© 1996. De esta edición, Editorial EDAF, S.A., por acuerdo con NEW
WORLD LIBRARY, en San Rafael, California, y AMBER-ALLEN
PUBLISHING, en San Rafael, California.

Editorial EDAF, S. A. Jorge Juan, 30. 28001 Madrid
Dirección en Internet: http://www.edaf.net
Correo electrónico: edaf@edaf.net

Edaf y Morales, S. A.
Oriente, 180, nº 279. Colonia Moctezuma, 2da. Sec.
C. P. 15530. México, D. F.
Dirección en Internet: http://www.edaf-y-morales.com.mx
Correo electrónico: edaf@edaf-y-morales.com.mx

Edaf y Albatros, S. A.
San Martín, 969, 3.º, Oficina 5.
1004 - Buenos Aires, Argentina
Correo electrónico: edafal3@interar.com.ar

16.ª edición, mayo 2001

Depósito legal: M. 20.607-2001
ISBN: 84-414-0015-6

PRINTED IN SPAIN   IMPRESO EN ESPAÑA
Gráficas COFAS, S. A. - Pol. Ind. Prado de Regordoño - Móstoles (Madrid)

Eres lo que es tu deseo profundo e impulsor.
Tal como es tu deseo, así es tu voluntad.
Tal como es tu voluntad, así son tus obras.
Tal como son tus obras, así es tu destino.

Upanishad Brihadaranyaka IV.4.5.

Índice

Agradecimientos

QUISIERA expresar mi amor y mi agradecimiento a las personas siguientes:

A Janet Mills, por haber cuidado con amor de este libro desde su concepción hasta su conclusión.

A Rita Chopra, Mallika Chopra y Gautama Chopra, por ser la expresión viva de las Siete Leyes Espirituales.

A Ray Chambers, Gayle Rose, Adrianna Nienow, David Simon, George Harrison, Olivia Harrison y Naomi Judd, por su valor y su compromiso con una visión imponente, inspiradora, elevada, noble y transformadora de la vida.

A Roger Gabriel, Brent Becvar, Rose Bueno-Murphy y a todo mi personal del Centro Sharp de Medicina Mente-Cuerpo, por servir de ejemplos inspiradores para todos nuestros visitantes y pacientes.

A Deepak Singh, Geeta Singh, y a todo mi personal de Quantum Publications, por su energía y dedicación incansables.

A Muriel Nellis, por su intención inquebrantable de mantener el máximo nivel de integridad en todas nuestras empresas.

A Richard Perl, por ser un ejemplo tan notable de referencia sobre el yo.

A Linda Ford, por su fe inamovible en el autoconocimiento y por su contagioso entusiasmo y compromiso por transformar las vidas de tantas personas.

Y a Bill Elkus, por su comprensión y por su amistad.

Introducción

AUNQUE este libro se titula *Las siete Leyes espirituales del éxito*, también podría llevar el título de
Las siete Leyes espirituales de la vida, pues éstos son
los mismos principios que aplica la naturaleza para
crear todo lo que tiene existencia material, todo lo
que podemos ver, oír, oler, gustar o tocar.

En mi libro *Creating Affluence: Wealth Conscious-
ness in the Field of All Possibilities* he señalado los pasos que conducen a la conciencia de la riqueza basada
en una comprensión verdadera del funcionamiento
de la naturaleza. En *Las siete Leyes espirituales del éxito*
se recoge la esencia de estas enseñanzas. Cuando usted incorpore a su conciencia este conocimiento, éste
le otorgará la capacidad de crear riqueza sin límites,
fácilmente y sin esfuerzo, y de alcanzar el éxito en
cualquier empresa.

Podríamos definir el éxito en la vida como la expansión continuada de la felicidad y la realización progresiva de objetivos que merecen la pena. El éxito es la capacidad de satisfacer nuestros deseos con facilidad y sin esfuerzo. Pero, a pesar de todo esto, siempre se ha considerado que el éxito, dentro del cual se incluye la creación de riqueza, es un proceso que exige trabajar duramente, y se suele considerar que se consigue a costa de los demás. Debemos alcanzar un planteamiento más espiritual del éxito y de la abundancia, que es el flujo que nos llega de todas las cosas buenas. Con el conocimiento y con la práctica de la Ley espiritual, nos ponemos a nosotros mismos en armonía con la naturaleza, y creamos, libres de preocupaciones, con alegría y con amor.

El éxito tiene muchas facetas; la riqueza material no es más que una de ellas. Además, el éxito es un viaje y no un destino. Se da la circunstancia de que la abundancia material, en todas sus manifestaciones, es una de las cosas que hacen que el viaje sea más agradable. Pero dentro del éxito también se incluyen la buena salud, la energía y el entusiasmo por la vida, las relaciones personales que nos llenan, la libertad creativa, la estabilidad emocional y psicológica, la sensación de bienestar y la tranquilidad de espíritu.

Aun viviendo todas estas cosas, seguiremos sin realizarnos mientras no cultivemos las simientes de divinidad que están dentro de nosotros. En realidad, somos seres divinos disfrazados, y los dioses y diosas que están dentro de nosotros en estado embrionario aspiran a materalizarse plenamente. El éxito verdadero es, por lo tanto, la experiencia de lo milagroso. Es el despliegue de lo divino que tenemos dentro. Es percibir lo divino dondequiera que vayamos, en cualquier cosa que percibamos: en los ojos de un niño, en la belleza de una flor, en el vuelo de un ave. Cuando empecemos a vivir nuestra vida como expresión milagrosa de lo divino —y no en determinadas ocasiones, sino constantemente—, entonces conoceremos el significado verdadero del éxito.

* * *

Antes de definir las siete Leyes espirituales debemos comprender el concepto de Ley. La Ley es el proceso a través del cual se manifiesta lo que no es manifiesto; es el proceso por el cual el observador se convierte en lo observado; es el proceso por el cual el espectador se convierte en el paisaje; es el proceso a través del cual el soñador manifiesta el sueño.

Toda la creación, todo lo que existe en el mundo físico, es el resultado de la transformación de lo no manifiesto en manifiesto. Todo lo que contemplamos procede de lo desconocido. Nuestro cuerpo físico, el universo físico, todo, cualquier cosa que podamos percibir a través de nuestros sentidos, es la transformación de lo no manifiesto, de lo desconocido e invisible, en manifiesto, conocido y visible.

El universo físico no es otra cosa que el Yo que gira sobre Sí mismo para conocerse a Sí mismo en forma de espíritu, mente y materia física. En otras palabras, todos los procesos de creación son procesos a través de los cuales se expresa a Sí mismo el Yo o lo divino. La conciencia en movimiento se expresa a sí misma bajo la forma de los objetos del universo en la danza eterna de la vida.

La fuente de toda la creación es lo divino (o espíritu); el proceso de creación es lo divino en movimiento (o mente); y el objeto de la creación es el universo físico (del que forma parte el cuerpo físico). Estos tres componentes de la realidad —el espíritu, la mente y el cuerpo, o el observador, el proceso de observar y lo observado— son en esencia una misma cosa. Todos proceden de un mismo lugar: del campo de potencialidad pura, que es puramente no manifiesto.

Las Leyes físicas del universo son en realidad todo este proceso de lo divino en movimiento, o de la conciencia en movimiento. Cuando comprendemos estas Leyes y las aplicamos en nuestras vidas, podemos crear cualquier cosa que deseemos, pues las mismas Leyes que aplica la naturaleza para crear un bosque o una galaxia o una estrella o un cuerpo humano pueden producir también la realización de nuestros deseos más profundos.

Veamos ahora cuáles son *Las siete Leyes espirituales del éxito* y cómo podemos aplicarlas en nuestras vidas.

1

LA LEY DE LA POTENCIALIDAD PURA

La fuente de toda la creación
es la conciencia pura (...)
la potencialidad pura
que aspira a expresarse
de lo no manifiesto en lo manifiesto.

Y cuando nos damos cuenta de que
nuestro Yo verdadero es de potencialidad pura,
nos alineamos con el poder
que lo manifiesta todo en el universo.

En el principio
No había ni existencia ni no existencia;
Todo este mundo era energía no manifiesta...
El Uno alentaba sin aliento, por Su propio poder;
No había nada más...

Himno de la Creación del *Rig Veda*

LA primera Ley espiritual del éxito es la *Ley de la potencialidad pura*. Esta Ley se basa en el hecho de que nosotros, en nuestro estado esencial, somos conciencia pura. La conciencia pura es potencialidad pura; es el campo de todas las posibilidades y de la creatividad infinita. La conciencia pura es nuestra esencia espiritual. Por ser infinita e ilimitada, es también alegría pura. Otros atributos de la conciencia son el conocimiento puro, el silencio infinito, el equilibrio perfecto, la invencibilidad, la simplicidad y la dicha. Ésta es nuestra naturaleza esencial. Nuestra naturaleza esencial es de potencialidad pura.

Cuando usted descubre su naturaleza esencial y sabe quién es verdaderamente, *en ese propio conocimiento* se encuentra la capacidad de realizar cualquier sueño que pueda tener, pues usted es la posibilidad eterna, el potencial incalculable de todo lo que ha sido, es y será. La *Ley de la potencialidad pura* podría llamarse también *Ley de la unidad*, pues bajo la diversidad infinita de la vida subyace la *unidad* de un espíritu que todo lo penetra. No existe ninguna separación entre este campo de energía y usted. El campo de la potencialidad pura es su propio Yo. Y cuanto más conozca usted su propia naturaleza, más próximo estará al campo de la potencialidad pura.

El conocimiento del Yo, o «referencia sobre el yo», significa que nuestro punto de referencia interno es nuestro propio espíritu, y no los objetos de nuestra experiencia. Lo contrario de la referencia sobre el Yo es la referencia sobre los objetos. Con la referencia sobre los objetos, siempre estamos siendo influidos por objetos externos al Yo, entre los que se cuentan las situaciones, las circunstancias, las personas y las cosas. Con la referencia sobre los objetos estamos buscando constantemente la aprobación de los demás. Nuestro pensamiento y nuestra conducta siempre están esperando una reacción. Se basa, por lo tanto, en el miedo.

Con la referencia sobre los objetos sentimos, asimismo, una necesidad intensa de controlar las cosas.

Sentimos una necesidad intensa de poder externo. La necesidad de recibir aprobación, la necesidad de controlar las cosas y la necesidad de poder externo son necesidades basadas en el miedo. Este tipo de poder no es el poder de la potencialidad pura, ni el poder del Yo, ni es un poder *verdadero*. Cuando sentimos el poder del Yo, no existe el miedo, no existe la necesidad de controlar y no luchamos por ganarnos la aprobación de los demás ni el poder externo.

Con la referencia sobre los objetos, nuestro punto interno de referencia es nuestro ego. Pero el ego no es quienes somos en realidad. El ego es nuestra autoimagen; es nuestra máscara social; es el papel que estamos representando. Nuestra máscara social se nutre de la aprobación de los demás. Quiere controlar, y el poder la sustenta, pues vive en el miedo.

Nuestro Yo verdadero, que es nuestro espíritu, nuestra alma, está completamente libre de estas cosas. Es inmune a las críticas, no teme ningún desafío y no se siente inferior a nadie. Pero, al mismo tiempo, es humilde y no se siente superior a nadie, pues reconoce que todos los demás son el mismo Yo, el mismo espíritu, bajo disfraces diferentes.

Ésta es la diferencia esencial entre la referencia sobre los objetos y la referencia sobre el Yo. En la referencia sobre el Yo conocemos nuestro verdadero ser, que no teme ningún desafío, que respeta a todas las personas y que no se siente inferior a nadie. El poder del Yo es, por lo tanto, el verdadero poder.

El poder basado en la referencia sobre los objetos, no obstante, es un poder falso. Como es un poder basado en el ego, sólo dura mientras esté presente el objeto de referencia. Si uno ostenta un título determinado —presidente de la nación, o director de una empresa—, o si tiene mucho dinero, el poder que disfruta desaparece cuando pierde ese título, ese cargo o ese dinero. El poder basado en el ego sólo durará mientras duren esas cosas. En cuanto desaparezcan el título, el cargo o el dinero, desaparecerá también el poder.

El poder del Yo, por su parte, es permanente, pues se basa en el conocimiento del Yo. Y el poder del Yo tiene ciertas características. Atrae hacia nosotros a las personas, y también atrae hacia nosotros las cosas que deseamos. Magnetiza a las personas, las situaciones y las circunstancias en apoyo de nuestros deseos. También llamamos a esto «el apoyo de las Leyes de la naturaleza». Es el apoyo de la divinidad; es el apoyo que se desprende de estar en estado de gracia. Nuestro poder es tal que disfrutamos de un vínculo con las personas, y las personas disfrutan de un vínculo con nosotros. Nuestro poder es el de un vínculo, un vínculo que se desprende del amor verdadero.

*   *   *

¿Cómo podemos aplicar en nuestras vidas la *Ley de la potencialidad pura*, el campo de todas las posibilidades? Si usted desea disfrutar de los beneficios del campo de la potencialidad pura, si quiere aprovechar plenamente la creatividad inherente en la conciencia pura, entonces tiene que tener acceso a la misma. Uno de los modos de acceder a este campo es a través de la práctica diaria del silencio, la meditación y la abstinencia de juicios de valor. Los ratos pasados en la naturaleza también le permitirán acceder a las cualidades inherentes en este campo: la creatividad infinita, la libertad y la dicha.

La práctica del silencio supone comprometerse a dedicar unos ciertos periodos de tiempo simplemente a *ser*. Vivir el silencio significa retirarse periódicamente de la actividad del habla. También significa retirarse periódicamente de actividades tales como ver la televisión, escuchar la radio o leer libros. Si usted no se concede jamás la oportunidad de vivir el silencio, estas actividades generan turbulencias en su diálogo interno.

Señálese unos breves ratos de vez en cuando para vivir el silencio. O, sencillamente, comprométase a guardar silencio durante un periodo determinado cada día. Puede hacerlo durante dos horas; o, si esto le parece mucho, hágalo durante un periodo de una hora. Y, de cuando en cuando, viva el silencio durante un periodo largo: un día completo, dos días, o incluso una semana entera.

¿Qué sucede cuando emprendemos esta vivencia del silencio? En un principio, nuestro diálogo interno se vuelve más turbulento todavía. Sentimos una necesidad intensa de decir cosas. He conocido a personas que se vuelven completamente locas el primer día o los dos primeros días cuando se comprometen a mantener un periodo largo de silencio. Las domina repentinamente una sensación de apremio y de angustia. Pero cuando van manteniendo la vivencia, su diálogo interno empieza a acallarse. Y el silencio pronto se vuelve profundo. Esto se debe a que, después de cierto tiempo, la mente se rinde; se da cuenta de que no tiene sentido dar vueltas y más vueltas si usted —el Yo, el espíritu, el que toma las decisiones— no va a hablar, decididamente. Entonces, cuando el diálogo interno se acalla, usted empieza a vivir la quietud del campo de la potencialidad pura.

La práctica periódica del silencio cuando nos resulta conveniente es uno de los medios de vivir la *Ley de la potencialidad pura*. Otro medio es practicar la meditación durante un rato cada día. Lo ideal es meditar al menos durante treinta minutos por la mañana y otros treinta minutos al anochecer. Por medio de la meditación, usted aprenderá a vivir el campo del silencio puro y del conocimiento puro. En ese campo del silencio puro está el campo de la correlación infinita, el campo del poder organizador infinito, el terreno último de creación donde todo está conectado inseparablemente con todo lo demás.

En la quinta Ley espiritual, la *Ley de la intención y del deseo*, verá cómo puede usted introducir un tenue impulso de intención en este campo, y la creación de sus deseos se producirá espontáneamente. Pero, para empezar, tiene que vivir la quietud. La quietud es el primer requisito para que sus deseos se manifiesten, pues en la quietud se encuentra su conexión con el campo de la potencialidad pura, que puede disponer una cantidad infinita de detalles para usted.

Imagínese que arroja una piedra pequeña a un estanque en calma y que contempla las ondas. Después, al cabo de un rato, cuando las ondas se asientan, puede arrojar otra piedra pequeña. Eso es exactamente lo que hacemos cuando entramos en el campo del silencio puro e introducimos nuestra intención. En este silencio, incluso la más tenue de las intenciones produce unas ondas que atraviesan el terreno subyacente de la conciencia universal, que lo conecta todo con todo lo demás. Pero si no vivimos la quietud en la conciencia, si nuestra mente es como un mar turbulento, podríamos arrojar a la misma el edificio Empire State sin enterarnos de nada. En la Biblia se dice: «Callad, y sabed que Yo soy Dios.» Esto sólo se puede conseguir por medio de la meditación.

Otro camino para acceder al campo de la potencialidad pura es por medio de la práctica de la abstinencia de juicios de valor. El juicio de valor es la evaluación constante de las cosas como correctas o incorrectas, como buenas o malas. Cuando estamos constantemente evaluando, clasificando, etiquetando, analizando, generamos muchas turbulencias en nuestro diálogo interno. Estas turbulencias restringen el flujo de la energía entre nosotros y el campo de la potencialidad pura. Estamos comprimiendo, literalmente, el «hueco» entre los pensamientos.

Ese hueco es nuestra conexión con el campo de la potencialidad pura. Es ese estado de conocimiento puro, ese espacio silencioso entre un pensamiento y otro, esa quietud interior que nos conecta con el poder verdadero. Y cuando comprimimos el hueco, comprimimos nuestra conexión con el campo de la potencialidad pura y de la creatividad infinita.

En *Un curso de milagros* aparece una oración que dice: «Hoy no juzgaré nada de lo que suceda.» La abstinencia de juicios de valor crea el silencio en nuestra mente. Por lo tanto, es una buena idea que usted empiece el día con esa afirmación. Y, a lo largo del día, recuérdese a sí mismo dicha afirmación cada vez que se encuentre haciendo juicios de valor. Si le parece demasiado difícil practicar este ejercicio durante todo el día, dígase simplemente a sí mismo: «No voy a juzgar nada en las dos horas siguientes», o «voy a vivir la abstinencia de juicios de valor durante una hora». Después, puede ir ampliando gradualmente los plazos.

A través del silencio, de la meditación y de la abstinencia de juicios de valor, usted accederá a la primera Ley, la *Ley de la potencialidad pura*. Cuando haya empezado a practicarlo, podrá añadir a esta práctica un cuarto componente, que no es otra cosa que dedicar con regularidad un tiempo a estar en comunión directa con la naturaleza. Los ratos en la naturaleza le permiten percibir la interacción armoniosa de todos los elementos y de todas las fuerzas de la vida, y le otorgan un sentimiento de unidad con todo lo vivo. Ya se trate de un río, de un bosque, de una montaña, de un lago o de la orilla del mar, esa conexión con la inteligencia de la naturaleza le ayudará también a acceder al campo de la potencialidad pura.

Debe aprender a entrar en contacto con la esencia más íntima de su ser. Esta esencia verdadera está más allá del ego. No teme; es libre; es inmune a las críticas; no teme ningún desafío. No está por debajo de nadie ni es superior a nadie, y está llena de magia, de misterio y de encanto.

El acceso a su esencia verdadera también le aportará claridad para percibir el espejo de las relaciones personales, pues toda relación personal es un reflejo de las relaciones de usted consigo mismo. Por ejemplo, si usted tiene sentimientos de culpabilidad, de miedo y de inseguridad con respecto del dinero, de su éxito personal o de cualquier otra cosa, esos sentimientos son reflejos de la culpabilidad, del miedo y de la inseguridad como aspectos básicos de su personalidad. Ninguna cantidad de dinero ni de éxito bastarán para resolver estos problemas básicos de la existencia; sólo la intimidad con el Yo producirá la curación verdadera. Y cuando usted esté asentado en el conocimiento de su Yo verdadero —cuando comprenda bien su naturaleza verdadera— jamás se sentirá culpable, asustado o inseguro por el dinero, ni por la riqueza, ni por la realización de sus deseos, pues se dará cuenta de que la esencia de toda la riqueza material es la energía de la vida, es potencialidad pura. Y la potencialidad pura es su naturaleza intrínseca.

Cuando vaya cobrando cada vez mayor acceso a su naturaleza verdadera, también recibirá espontáneamente pensamientos creativos, pues el campo de la potencialidad pura también es el campo de la creatividad infinita y del conocimiento puro. El filósofo y poeta checo Franz Kafka dijo en cierta ocasión: «No hace falta que salgas de tu habitación. Quédate sentado ante tu mesa y escucha. Ni siquiera hace falta que escuches: simplemente, espera. Ni siquiera hace falta que esperes: simplemente, aprende a quedarte callado, quieto y a solas. El mundo se te ofrecerá libremente para que le quites la máscara. No tiene otra opción; caerá a tus pies en éxtasis.»

La abundancia del universo —la generosa riqueza y opulencia del universo— es una expresión de la mente creativa de la naturaleza. Cuanto más sintonizados estamos con la mente de la naturaleza, más acceso tenemos a su creatividad infinita y sin límites. Pero primero tenemos que llegar más allá de las turbulencias de nuestro diálogo interno, para conectar con aquella mente creativa abundante, opulenta e infinita. Y entonces creamos la posibilidad de una actividad dinámica mientras portamos al mismo tiempo la quietud de la mente creativa eterna y sin límites. Esta combinación exquisita de una mente infinita silenciosa y sin límites con una mente individual, dinámica y con límites, es el equilibrio perfecto de quietud y de movimiento simultáneos que puede crear todo lo que deseemos. Esta coexistencia de opuestos —quietud y dinamismo a un mismo tiempo— nos independiza de las situaciones, de las circunstancias, de las personas y de las cosas.

Cuando usted reconoce en silencio esta coexistencia exquisita de opuestos, se alinea a sí mismo con el mundo de la energía, con la sopa cuántica, con la «no-sustancia» no material que es la fuente del mundo material. Este mundo de la energía es fluido, dinámico, elástico, cambiante, y está eternamente en movimiento. Pero, al mismo tiempo, es no cambiante, quieto, callado, eterno y silencioso.

La quietud, por sí misma, es la potencialidad para la creatividad; el movimiento, por sí mismo, es la creatividad restringida a un aspecto determinado de su expresión. Pero la combinación de movimiento y de quietud le permite a usted liberar su creatividad en *todos* los sentidos: hacia donde lo lleve el poder de su atención.

Vaya donde vaya, sumido en el movimiento y en la actividad, lleve consigo su quietud. Por tanto, el movimiento caótico que lo rodea no eclipsará nunca su acceso a la reserva de creatividad, que es el campo de la potencialidad pura.

Aplicación de la Ley
de la potencialidad pura

LLEVARÉ a la práctica la *Ley de la potencialidad pura* comprometiéndome a dar los pasos siguientes:

1. Entraré en contacto con el campo de la potencialidad pura dedicando algún tiempo cada día a guardar silencio, simplemente a *ser*. También practicaré a solas la meditación silenciosa al menos dos veces al día, aproximadamente treinta minutos por la mañana y treinta minutos por la noche.

2. Dedicaré cierto tiempo cada día a entrar en comunión con la naturaleza y a presenciar en silencio la inteligencia que se encierra en todas las cosas vivas. Me sentaré en silencio a contemplar una puesta de sol, o a escuchar el

sonido del mar o de un río, o simplemente a oler el aroma de una flor. En el éxtasis de mi propio silencio, y entrando en comunión con la naturaleza, disfrutaré del palpitar de la vida de los siglos, del campo de la potencialidad pura y de la creatividad sin límites.

3. Practicaré la abstinencia de juicios de valor. Empezaré mi jornada con esta afirmación: «Hoy no juzgaré nada de lo que suceda»; y a lo largo del día me recordaré a mí mismo que no debo hacer juicios de valor.

2

LA LEY DE LA ENTREGA

*El universo opera por el intercambio
dinámico (...) dar y recibir son
aspectos diferentes
del flujo de energía en el universo.*

*Y con nuestra disposición para dar
aquello que buscamos, hacemos
que la abundancia del universo
siga circulando en nuestras vidas.*

*Esta frágil vasija la vacías una y otra vez y la
vuelves a llenar constantemente de vida nueva.
Esta pequeña flauta de caña la has llevado por va-
lles y montañas y has soplado en ella melodías eternamente nuevas (...) Recojo tus dones infinitos con
mis manos, tan pequeñas. Pasan los siglos y tú si-
gues vertiendo, y todavía hay sitio para más.*

RABINDRANATH TAGORE, *Gitanjali*

LA segunda Ley espiritual del éxito es la *Ley de la
entrega*. También podríamos llamarla *Ley del dar
y del recibir*, pues el universo opera por el intercambio dinámico. Nada es estático. Nuestro cuerpo mantiene un intercambio dinámico y constante con el
cuerpo del universo; nuestra mente mantiene una interacción dinámica con la mente del cosmos; nuestra
energía es una manifestación de la energía cósmica.

El flujo de la vida no es otra cosa que la interacción
armoniosa de todos los elementos y fuerzas que com-
ponen la estructura del campo de la existencia. Esta
interacción de elementos y de fuerzas en nuestra vida
actúa según la *Ley de la entrega*. Dado que nuestro
cuerpo, nuestra mente y el universo mantienen un in-

tercambio constante y dinámico, detener la circulación de la energía es como detener el flujo de la sangre. Cuando la sangre deja de fluir, empieza a coagularse, a cuajarse, a estancarse. Por eso, usted debe dar y recibir para conservar la circulación de la riqueza y la abundancia —o de cualquier otra cosa que desee— en su vida.

La palabra «afluencia», sinónimo de abundancia, viene de «fluir». La idea es que la abundancia es como un flujo. El dinero es, en realidad, un símbolo de la energía vital que intercambiamos y de la energía vital que gastamos como consecuencia de los servicios que prestamos al universo. Una de las maneras de llamar al dinero es «liquidez», nombre que también refleja la fluidez de la energía.

Por lo tanto, si interrumpimos la circulación del dinero, si nuestra única intención es quedarnos con nuestro dinero y atesorarlo, entonces, dado que es una energía vital, estaremos interrumpiendo también su flujo de retorno hacia nuestras vidas. Para que esa energía siga llegándonos, tenemos que mantener su circulación. El dinero es como un río: debe fluir. De lo contrario, empieza a estancarse, a llenarse de lodo, a ahogarse y a estrangular su propia fuerza vital. La circulación lo mantiene vivo y vital.

Toda relación se basa en un dar y recibir. El dar engendra el recibir, y el recibir engendra el dar. Todo lo que sube debe bajar; todo lo que sale debe regresar. En realidad, recibir es lo mismo que dar, pues el dar y el recibir son dos aspectos diferentes del flujo de la energía en el universo. Y si interrumpimos el flujo de cualquiera de los dos, estamos obstaculizando la inteligencia de la naturaleza.

En cada semilla se encierra la promesa de millares de bosques. Pero no debemos guardarnos la semilla: ésta debe entregar su inteligencia al suelo fértil. A través de su entrega, esta energía invisible fluye hasta manifestarse materialmente.

Cuanto más entregue usted, más recibirá, pues mantendrá circulando en su vida la abundancia del universo. En realidad, cualquier cosa que tenga valor en la vida no hace más que multiplicarse cuando se entrega. Si hay algo que no se multiplica por la entrega, es que no vale la pena entregarlo ni recibirlo. Si usted siente que ha perdido algo por el acto de entregar, es que el don no ha sido entregado de verdad y no generará un incremento. Si usted entrega algo a regañadientes, no existe una energía detrás de esa entrega.

Lo más importante es la intención que se encierra detrás de su entrega y de su recepción. La intención siempre debe ser crear felicidad para el que da y para el que recibe, pues la felicidad apoya y sustenta la vida y, por lo tanto, genera incrementos. Lo que se recibe a cambio es directamente proporcional a lo que se entrega cuando esta entrega es incondicional y de corazón. Por eso, el acto de entregar tiene que ser alegre; la intención debe ser tal, que usted sienta alegría *por el hecho mismo* de entregar. Entonces, la energía que está detrás de la entrega se multiplica por un factor muy elevado.

La práctica de la *Ley de la entrega* es muy sencilla en realidad: si usted quiere tener alegría, entregue alegría a los demás; si quiere tener amor, aprenda a entregar amor; si quiere recibir atención y aprecio, aprenda a entregar atención y aprecio; si quiere la abundancia de las cosas materiales, ayude a los demás a tener abundancia de cosas materiales. En realidad, la manera más fácil de recibir lo que se desea es ayudar a los demás a recibir lo que desean. Este principio da resultado tanto para los individuos como para las empresas, las sociedades y las naciones. Si usted quiere recibir la bendición de todas las cosas buenas de la vida, aprenda a otorgar calladamente a los demás la bendición de todas las cosas buenas de la vida.

El mismo pensamiento de entregar, el pensamiento de bendecir, o una *sencilla oración* tienen el poder de afectar a los demás. Esto se debe a que nuestro cuerpo, reducido a su estado esencial, es un paquete local de energía y de información dentro de un universo de energía y de información. Somos paquetes locales de conciencia dentro de un universo consciente. La palabra «conciencia» se refiere a algo más que la simple energía e información: se refiere a una energía y a una información que están vivas, en forma de pensamiento. Por lo tanto, somos paquetes de pensamiento dentro de un universo pensante. Y el pensamiento tiene el poder de transformar.

La vida es la danza eterna de la conciencia que se expresa a sí misma en forma de intercambio dinámico de impulsos de inteligencia entre el microcosmos y el macrocosmos, entre el cuerpo humano y el cuerpo universal, entre la mente humana y la mente cósmica.

Cuando usted aprende a entregar lo mismo que busca, pone en marcha esta danza y la dirige con un movimiento exquisito, enérgico y vital que constituye el palpitar eterno de la vida.

* * *

La mejor manera de poner en marcha la *Ley de la entrega*, de iniciar todo el proceso de circulación, es tomar la decisión de que siempre que entremos en contacto con cualquier otra persona le entregaremos algo. No tiene por qué consistir en algo material. Puede ser una flor, unas palabras agradables o una oración. En realidad, las formas de entrega más poderosas no son materiales. Los dones del interés, de la atención, del afecto, del aprecio y del amor son algunos de los más preciosos que usted puede entregar, y no le cuestan nada. Cuando se encuentre con alguien, puede enviarle calladamente una bendición, deseándole felicidad, alegría y buen humor. Las entregas calladas de este tipo son muy poderosas.

Una cosa que me enseñaron de niño, y que yo también he enseñado a mis hijos, fue que nunca entrase en la casa de nadie sin llevar algo, que nunca visitase a nadie sin hacerle un regalo. El lector puede preguntarse: «¿Cómo voy a regalar algo a los demás, si en estos momentos no tengo lo suficiente para mí mismo?» Puede llevar una flor. Una sola flor. Puede llevar una tarjeta o una carta que diga algo acerca de sus sentimientos hacia la persona a la que visita. Puede llevar unas palabras agradables. Puede llevar una oración.

Tome la decisión de entregar algo dondequiera que vaya, a quienquiera que vea. Siempre que esté entregando, estará recibiendo. Cuanto más entregue, mayor será su confianza en los efectos milagrosos de esta Ley. Y cuanto más reciba, mayor se hará a su vez su capacidad para entregar más.

Nuestra naturaleza verdadera es de abundancia y de opulencia; gozamos de la abundancia por naturaleza, pues la naturaleza apoya todas las necesidades y todos los deseos. No nos falta nada, pues nuestra naturaleza esencial es de potencialidad pura y de posibilidades infinitas. Usted debe saber, por lo tanto, que ya posee la abundancia por naturaleza, por mucho o por poco dinero que tenga, pues la fuente de toda riqueza es el campo de la potencialidad pura, es la conciencia que sabe satisfacer todas las necesidades, entre ellas la necesidad de alegría, de amor, de risa, de paz, de armonía y de conocimiento. Si usted busca en primer lugar estas cosas —no sólo para sí mismo, sino para los demás—, todo lo demás le llegará espontáneamente.

Aplicación de
la Ley de la entrega

LLEVARÉ a la práctica la *Ley de la entrega* comprometiéndome a dar los pasos siguientes:

1. Vaya donde vaya, llevaré un regalo para todas las personas con que me relacione. El regalo puede ser una frase agradable, una flor o una oración. Hoy entregaré algo a todas las personas con las que entre en contacto, y pondré en marcha así el proceso de circulación de la alegría, de la riqueza y de la abundancia en mi vida y en las vidas de los demás.

2. Hoy recibiré con agradecimiento todos los dones que me ofrece la vida. Recibiré los dones de la naturaleza: la luz del sol y el canto de los pájaros, o las lluvias de primavera, o la primera nieve del invierno. También estaré

abierto a lo que recibo de los demás, ya sean regalos materiales, dinero, palabras amables u oraciones.

3. Me comprometeré a mantener la circulación de la riqueza en mi vida a base de entregar y de recibir los dones más preciosos de la vida: los dones del interés, del afecto, del aprecio y del amor. Cada vez que me encuentre con alguien, le desearé calladamente felicidad, alegría y buen humor.

3

LA LEY DEL KARMA
O DE LA CAUSALIDAD

Toda acción engendra una fuerza
de energía que vuelve a nosotros
en igual cantidad (...)

lo que sembramos es lo que cosechamos.
Y cuando optamos por realizar actos
que llevan la felicidad y el éxito a los demás,
el fruto de nuestro karma es la felicidad y el éxito.

El karma es la afirmación eterna de la libertad humana (...) Nuestros pensamientos, nuestras palabras y nuestras obras son los hilos de la red con que nos envolvemos a nosotros mismos.

SWAMI VIVEKANANDA

LA tercera Ley espiritual del éxito es *la Ley del karma*. El «karma» es a la vez acción y las consecuencias de esa acción; es causa y es efecto, simultáneamente, pues toda acción engendra una fuerza de energía que vuelve a nosotros en igual cantidad. La *Ley del karma* no tiene nada de insólito. Todos hemos oído decir que «lo que sembramos es lo que cosechamos». Evidentemente, si queremos crear la felicidad en nuestras vidas, debemos aprender a sembrar las semillas de la felicidad. Por lo tanto, el karma implica el acto de tomar decisiones conscientes.

Usted y yo somos, esencialmente, tomadores de decisiones infinitas. En cada uno de los momentos de nuestra existencia estamos dentro de este campo y de todas las posibilidades donde tenemos acceso a una infinidad de posibilidades de decisión. Algunas de estas decisiones las tomamos conscientemente, mientras que otras se toman inconscientemente. Pero la mejor manera de comprender y de optimizar la aplicación de la Ley kármica es volvernos conscientes de las decisiones que tomamos en cada momento.

Nos guste o no, todo lo que está sucediendo en este momento es consecuencia de las decisiones que hemos tomado en el pasado. Por desgracia, muchos de nosotros tomamos las decisiones inconscientemente, y por eso no sabemos que son decisiones; pero, en realidad, lo son.

Si yo lo insultase a usted, lo más probable es que usted tomase la decisión de ofenderse. Si yo le dijese unas palabras amables, lo más probable es que usted tomase la decisión de sentirse agradado o halagado. Pero, si lo piensa, verá que se trata de una decisión.

Yo podría ofenderlo o podría insultarlo, y usted podría tomar la decisión de no ofenderse. Yo podría decirle unas palabras amables, y usted también podría tomar la decisión de no dejarse halagar.

En otras palabras, la mayoría de nosotros, a pesar de ser tomadores de decisiones infinitos, nos hemos convertido en unos paquetes de reflejos condicionados que se están disparando constantemente ante las personas y ante las circunstancias, con consecuencias previsibles en forma de pautas de conducta. Estos reflejos condicionados son como los condicionamientos de Pavlov. Pavlov se hizo célebre cuando demostró que si damos algo de comer a un perro cada vez que hacemos sonar un timbre, al poco tiempo el perro se pone a insalivar siempre que se hace sonar el timbre, pues ha asociado un estímulo con el otro.

La mayoría de nosotros, como consecuencia de los condicionamientos, tenemos respuestas repetitivas y previsibles ante los estímulos de nuestro entorno. Parece que nuestras reacciones son desencadenadas automáticamente por las personas y por las circunstancias, y nos olvidamos de que no dejan de ser decisiones que estamos tomando en cada momento de nuestra existencia. Sencillamente, estamos tomando estas decisiones inconscientemente.

Si usted dedica unos momentos a contemplar las decisiones que está tomando, mientras las toma, entonces por este mismo acto de observación está llevando todo el proceso desde la esfera de lo inconsciente hasta la esfera de lo consciente. Este procedimiento de la toma consciente de decisiones y de la observación es muy potenciador.

Cuando usted toma una decisión —la que sea—, puede preguntarse dos cosas. En primer lugar: «¿Cuáles son las consecuencias de esta decisión que estoy tomando?» Usted sabrá inmediatamente en su fuero interno cuáles son. En segundo lugar: «¿Me aportará felicidad a mí y a los que me rodean esta decisión que estoy tomando ahora?» Si la respuesta es afirmativa, entonces siga adelante con la decisión. Si es negativa, si esa decisión lleva aflicción a usted o a los que lo rodean, entonces no tome la decisión. Es así de sencillo.

Entre el número infinito de posibilidades de decisión que tenemos ante nosotros a cada segundo, sólo hay una opción que nos generará felicidad a nosotros mismos y a los que nos rodean. Y cuando usted elija esa opción, su consecuencia será una forma de conducta que se llama «acción correcta espontánea». La acción correcta espontánea es la acción correcta en el momento correcto. Es la respuesta correcta ante cada situación en el momento de producirse. Es la acción que nos nutre a nosotros mismos y a todos los demás sobre los que influye tal acción.

El universo posee un mecanismo muy interesante para ayudarnos a corregir espontáneamente nuestras decisiones. Es un mecanismo relacionado con las sensaciones de nuestro cuerpo. Nuestro cuerpo experimenta dos tipos de sensaciones: unas son sensaciones de bienestar y otras son sensaciones de malestar. En el momento de tomar conscientemente una decisión, preste atención a su cuerpo y pregúntele: «¿Qué pasa si tomo esta decisión?» Si su cuerpo le envía un mensaje de bienestar, entonces ésa es la decisión correcta. Si su cuerpo le envía un mensaje de malestar, entonces no es la decisión apropiada.

Algunas personas reciben el mensaje de bienestar y de malestar en la región del plexo solar, pero la mayoría lo reciben en la región del corazón. Dirija su atención conscientemente sobre el corazón y pregunte a su corazón lo que debe hacer. A continuación, espere la respuesta, una respuesta física en forma de sensación. Puede tratarse de una sensación a un nivel *extremadamente tenue*, pero estará allí, en su cuerpo.

Sólo el corazón conoce la respuesta correcta. Mucha gente cree que el corazón es blando y sentimental. Pero no lo es. El corazón es intuitivo; es holístico, es contextual, es relacional. No está orientado a ganar o perder. Accede a la computadora cósmica —el campo de la potencialidad pura, del conocimiento puro y del poder organizador infinito— y lo tiene en cuenta todo. Algunas veces puede que ni siquiera parezca racional, pero el corazón tiene una capacidad de cálculo mucho más precisa y exacta que ninguna otra cosa que se encuentre dentro de los límites del pensamiento racional.

Usted puede aprovechar siempre que quiera la *Ley del karma* para generar dinero y abundancia y para que le afluyan cosas buenas de todo tipo. Pero antes debe ser consciente de que su futuro se engendra a partir de las decisiones que está tomando en cada momento de su vida. Si es consciente de ello con regularidad, entonces estará aprovechando plenamente la *Ley del karma*. Cuanto más lleve sus decisiones al nivel de su atención consciente, con mayor frecuencia tomará aquellas decisiones que son correctas espontáneamente, tanto para usted como para los que lo rodean.

* * *

Y ¿qué hay del karma pasado y del modo en que nos está influyendo ahora mismo? Con el karma pasado podemos hacer tres cosas. La primera es pagar nuestras deudas kármicas. La mayoría de la gente opta por hacer esto; de manera inconsciente, por supuesto. Ésta también puede ser una decisión que esté tomando usted. A veces el pago de estas deudas trae aparejado mucho sufrimiento, pero la *Ley del karma* dice que en el universo no hay deuda que no se pague. En este universo existe un sistema perfecto de contabilidad, y todo es un intercambio constante, un «toma y daca», de energía.

Lo segundo que podemos hacer es transmutar o transformar nuestro karma convirtiéndolo en una experiencia más deseable. Se trata de un proceso muy interesante por el cual, mientras estamos pagando nuestra deuda kármica, nos preguntamos: «¿Qué puedo aprender de esta experiencia? ¿Por qué está sucediendo esto, y cuál es el mensaje que me está transmitiendo el universo? ¿Cómo puedo convertir esta experiencia en útil para mi prójimo humano?»

Al hacer esto, buscamos en primer lugar la semilla de la oportunidad y después asociamos esa semilla con nuestro *dharma*, con nuestro propósito en la vida, del que hablaremos cuando tratemos de la séptima Ley espiritual del éxito. Esto nos permite transmutar el karma dándole una nueva expresión.

Por ejemplo, si usted se rompe una pierna practicando un deporte, podría preguntarse: «¿Qué puedo aprender de esta experiencia? ¿Qué mensaje me está transmitiendo el universo?» El mensaje quizás sea que usted debe moderar su ritmo y tener más cuidado o prestar mayor atención a su cuerpo en lo sucesivo. Y si su dharma es enseñar a los demás lo que sabe, entonces, después de preguntarse: «¿Cómo puedo convertir esta experiencia en útil para mi prójimo humano?», puede optar por compartir lo que ha aprendido escribiendo un libro sobre la seguridad en la práctica de los deportes. O bien, puede diseñar un calzado o un protector especial para la pierna que evite las lesiones como la que ha sufrido usted.

De esta forma, mientras paga su deuda kármica, también habrá convertido la adversidad en un beneficio que puede aportarle riqueza y realización personal. Ésta es la transmutación de su karma en una experiencia positiva. En realidad, no se ha liberado de su karma, pero es capaz de tomar un episodio kármico y de crear un karma nuevo y positivo a partir del mismo.

El tercer modo de tratar el karma es trascenderlo. Trascender el karma es hacerse independiente del mismo. El modo de trascender el karma es no dejar de sentir el hueco, el Yo, el Espíritu. Es como lavar un paño sucio en un arroyo. Cada vez que lo lavamos quitamos algunas manchas. Lo lavamos una y otra vez y cada vez queda un poco más limpio. Lavamos o trascendemos las semillas de nuestro karma entrando en el hueco y volviendo a salir. Por supuesto, esto se hace mediante la práctica de la meditación.

Todos los actos son episodios kármicos. Tomarse una taza de café es un episodio kármico. Dicho acto engendra un recuerdo en la memoria, y la memoria tiene la capacidad o la potencialidad de engendrar deseo. Y el deseo vuelve a engendrar actos. El «software operativo» de nuestra alma es el karma, la memoria y el deseo. Nuestra alma es un paquete de conciencia que tiene las semillas del karma, de la memoria y del deseo. Volviéndonos conscientes de estas semillas de la manifestación, nos hacemos generadores conscientes de la realidad. Convirtiéndonos en tomadores de decisiones conscientes, empezamos a engendrar actos que son evolutivos para nosotros y para los que nos rodean. Y eso es todo lo que tiene que hacer usted.

Mientras el karma sea evolutivo —tanto para el Yo como para todos a los que afecta el Yo—, los frutos del karma serán la felicidad y el éxito.

Aplicación de la Ley del karma o de la causalidad

LLEVARÉ a la práctica la *Ley del karma* comprometiéndome a dar los pasos siguientes:

1. Hoy observaré las decisiones que tomo en cada momento. Y por la simple observación de estas decisiones, las llevaré a mi atención consciente. Sabré que la mejor manera de prepararme para cualquier momento del futuro es ser plenamente consciente en el presente.

2. Siempre que tome una decisión, me haré a mí mismo dos preguntas: «¿Cuáles son las consecuencias de esta decisión que estoy tomando?» y «¿Me producirá realización personal y felicidad a mí mismo, y se las producirá a aquellos a los que afecta mi decisión?»

3. Después, pediré orientación a mi corazón y me dejaré guiar por su mensaje de bienestar o de malestar. Si la decisión me produce una sensación de bienestar, seguiré adelante sin titubear. Si la decisión me produce malestar, me detendré para ver las consecuencias de mi acto con mi visión interior. Esta orientación me capacitará para tomar decisiones espontáneamente correctas para mí mismo y para todos los que me rodean.

4

LA LEY DEL
MÍNIMO ESFUERZO

*La inteligencia del universo funciona
con una facilidad libre de esfuerzos (...)
con despreocupación, con armonía y con amor.*

*Y cuando domeñamos las fuerzas
de la armonía, de la alegría y del amor,
creamos el éxito y la buena fortuna
con una facilidad libre de esfuerzos.*

El ser completo conoce sin ir, ve sin mirar y consigue sin hacer.

LAO TSE

LA cuarta Ley espiritual del éxito es la *Ley del mínimo esfuerzo*. Esta Ley se basa en el hecho de que la inteligencia de la naturaleza funciona con una facilidad libre de esfuerzos y con una despreocupación tranquila. Éste es el principio de la acción mínima, de la no resistencia. Éste es, por lo tanto, el principio de la armonía y del amor. Cuando aprendemos de la naturaleza esta lección, realizamos fácilmente nuestros deseos.

Si usted observa a la naturaleza en acción, verá que en ella se gasta un mínimo de esfuerzo. La hierba no se esfuerza por crecer; simplemente, crece. Los peces no se esfuerzan por nadar; simplemente, nadan. Las flores no se esfuerzan por abrirse; simplemente, se abren. Las aves no se esfuerzan por volar; simplemente, vuelan. Es su naturaleza intrínseca. La Tierra no se esfuerza por girar sobre su eje; es propio de la naturaleza de la Tierra girar a una velocidad vertiginosa y volar por el espacio. Es propio de la naturaleza de los niños pequeños ser dichosos. Es propio de la naturaleza del Sol brillar. Es propio de la naturaleza de las estrellas relucir y parpadear. Y es propio de la naturaleza humana hacer que nuestros sueños se manifiesten en forma física, fácilmente y sin esfuerzo.

En la ciencia védica, filosofía de la India que tiene una antigüedad de milenios, este principio se llama principio de la economía de esfuerzo, o «hacer menos para conseguir más». En último extremo llegamos a un estado en que no hacemos nada y lo conseguimos todo. Esto supone que basta con tener una leve idea para que se produzca sin esfuerzo la manifestación de la idea. Lo que se llama comúnmente «un milagro» es en realidad una manifestación de la *Ley del mínimo esfuerzo*.

La inteligencia de la naturaleza funciona sin esfuerzo, sin roces, espontáneamente. Es no lineal; es intuitiva, holística y nutriente. Y cuando estamos en armonía con la naturaleza, cuando estamos asentados en el conocimiento de nuestro verdadero Yo, podemos hacer uso de la Ley del mínimo esfuerzo.

Gastamos un esfuerzo mínimo cuando nuestros actos están motivados por el amor, porque la energía del amor es la que da cohesión a la naturaleza. Cuando buscamos el poder y controlar a otras personas, estamos derrochando energía. Cuando buscamos dinero o poder para nuestro ego, gastamos energía en perseguir la ilusión de felicidad en lugar de disfrutar de la felicidad en el momento. Cuando buscamos el dinero únicamente para nuestra ganancia personal, estamos interrumpiendo el flujo de energía hacia nosotros mismos y estamos entrometiéndonos en la expresión de la inteligencia de la naturaleza. Pero cuando nuestros actos están motivados por el amor, no hay derroche de energía. Cuando nuestros actos están motivados por el amor, nuestra energía se multiplica y se acumula, y podemos canalizar la energía sobrante que recogemos y que disfrutamos para crear cualquier cosa que deseemos, incluso la riqueza sin límites.

Usted puede concebir su cuerpo físico como un instrumento para controlar la energía: puede generar energía, almacenarla y gastarla. Si usted sabe generar, almacenar y gastar la energía de una manera eficiente, podrá crear cualquier cantidad de riqueza. La máxima cantidad de energía se consume en prestar atención al ego. Cuando nuestro punto de referencia interno es el ego, cuando buscamos el poder y controlar a los demás, o buscamos recibir la aprobación de los demás, estamos despilfarrando la energía.

Cuando se libera esa energía, es posible volver a canalizarla y utilizarla para crear cualquier cosa que

queramos. Cuando su punto de referencia interno sea
su espíritu, cuando usted sea inmune a las críticas y
no tema ningún desafío, podrá domeñar el poder del
amor y utilizar creativamente la existencia para conocer la abundancia y la evolución.

En *El arte de soñar*, Don Juan dice a Carlos Cas-
taneda: (...) la mayor parte de nuestra energía la dedi-
camos a defender nuestra importancia (...) Si fuése-
mos capaces de perder una parte de esa importancia,
nos sucederían dos cosas extraordinarias. En primer
lugar, liberaríamos nuestra energía del esfuerzo de
mantener la idea ilusoria de nuestra grandeza; y, en
segundo lugar, conseguiríamos la energía suficiente
para (...) asomarnos a la verdadera grandeza del universo.»

*   *   *

La *Ley del mínimo esfuerzo* tiene tres componentes, tres cosas que usted puede hacer para llevar a la
práctica este principio de «hacer menos y conseguir
más». El primer componente es la aceptación. La
aceptación significa, sencillamente, hacer el siguiente
compromiso: «Hoy aceptaré a la gente, las situaciones, las circunstancias y los sucesos tal como se pre-

senten». Es decir, sabré que *este momento es tal como debe ser*, pues todo el universo es tal como debe ser. Este momento, el que estamos viviendo ahora mismo, es la culminación de todos los momentos que hemos vivido en el pasado. Este momento es tal como es porque todo el universo es tal como es.

Cuando usted lucha contra este momento, está luchando en realidad contra todo el universo. Por el contrario, puede tomar la decisión de no luchar hoy contra todo el universo a fuerza de luchar contra este momento. Esto supone que su *aceptación* de este momento es total y completa. Usted acepta las cosas tal como *son*, y no tal como usted desearía que fuesen en este momento. Es importante comprenderlo. Usted puede *desear* que las cosas sean diferentes en el futuro, pero en *este* momento tiene que aceptar las cosas tal como son.

Cuando usted se siente frustrado o alterado por una persona o por una situación, recuerde que no está reaccionando ante la persona o ante la situación, sino ante los sentimientos que alberga usted con respecto a esa persona o a esa situación. Son *sus* sentimientos, y los sentimientos de usted no son culpa de otra persona. Cuando usted reconoce esto y lo comprende por completo, está preparado para hacerse responsable de cómo se siente y de cambiar estos sentimientos. Y si es capaz de aceptar las cosas tal como son, estará preparado para hacerse responsable de su situación y de todas las circunstancias que usted considera problemas.

Esto nos conduce al segundo componente de la *Ley del mínimo esfuerzo*: la responsabilidad. ¿Qué significa la responsabilidad? La responsabilidad significa no echar la culpa de nuestra situación a nada ni a nadie, ni siquiera a nosotros mismos. Una vez aceptada esta circunstancia, este suceso, este problema, la responsabilidad equivale a la *capacidad* de tener una *respuesta* creativa ante la situación *tal como es ahora*. Todos los problemas contienen las semillas de la oportunidad, y el hecho de ser consciente de ello nos permite tomar el momento y transformarlo en una situación mejor o en una cosa mejor.

Cuando usted lo haga así, todas las situaciones supuestamente preocupantes se convertirán en una oportunidad para la creación de algo nuevo y hermoso, y todo supuesto verdugo o tirano se convertirá en su maestro. La realidad es una interpretación. Y si usted opta por interpretar la realidad de este modo, tendrá a su alrededor a muchos maestros y muchas oportunidades para evolucionar.

Siempre que se encuentre ante un tirano, un verdugo, un maestro, un amigo o un enemigo (todo ello significa una misma cosa), recuérdese a sí mismo: «Este momento es tal como debe ser.» Sean cuales sean las relaciones que usted se ha atraído sobre su vida en este momento, son precisamente las que necesita en su vida en este momento. Detrás de todos los sucesos existe un significado oculto, y este significado oculto está favoreciendo a su propia evolución.

El tercer componente de la *Ley del mínimo esfuerzo* es la indefensión, lo que quiere decir que nuestra atención se establece en la indefensión y que hemos renunciado a la necesidad de convencer o de persuadir a los demás de nuestro punto de vista. Si observa a las personas que lo rodean, advertirá que dedican un noventa y nueve por ciento de su tiempo a defender sus puntos de vista. Con sólo que usted se limite a renunciar a la necesidad de defender su punto de vista, por ese abandono obtendrá el acceso a unas cantidades enormes de energía que antes habían sido derrochadas.

Cuando se pone a la defensiva, acusa a los demás y no acepta el momento ni se somete a él, su vida se encuentra con resistencias. Y siempre que se encuentre con una resistencia, reconozca que, si fuerza la situación, la resistencia no hará más que aumentar. No le interesa quedarse firme como un alto roble que se troncha y se hunde en un vendaval. Le interesa más, en cambio, ser como el junco que se dobla ante el vendaval y sobrevive.

Renuncie por completo a defender su punto de vista. Cuando usted no tenga ninguna postura que defender, no permitirá que surja una discusión. Si actúa así con constancia, si deja de luchar y de resistirse, vivirá plenamente el presente, lo que es un don. Alguien me dijo una vez: «El pasado es historia; el futuro es un misterio, y este momento es un don. Por eso llamamos a este momento "el presente".»

Si usted abraza el presente, se vuelve uno con él y se fusiona con él, sentirá un fuego, un brillo, un resplandor de éxtasis que palpita en todo ser vivo y sensible. Cuando empiece a sentir esta exaltación del espíritu en todo lo que está vivo, cuando intime con él, nacerá dentro de usted la alegría, y usted se liberará de las terribles cargas y obstáculos de la actitud defensiva, del resentimiento y de la hipersensibilidad. Sólo entonces se volverá ligero de corazón, despreocupado, alegre y libre.

En esta libertad, alegre y sencilla, usted sabrá, sin tener la menor duda en su corazón, que lo que desea está a su alcance siempre que lo desee, porque su deseo procederá del nivel de la felicidad y no del nivel de la angustia o del miedo. Usted no necesita justificarse; limítese a declararse a sí mismo su intención, y sentirá plenitud, placer, alegría, libertad e independencia en cada momento de su vida.

Comprométase a seguir el camino de la no resistencia. Es el camino a través del cual se despliega espontáneamente la inteligencia de la naturaleza, sin roces ni esfuerzos. Cuando usted posea la combinación delicada de aceptación, responsabilidad e indefensión, vivirá el flujo de la vida con una facilidad libre de esfuerzos.

Cuando usted se mantiene abierto a todos los puntos de vista, sin estar apegado rígidamente a sólo uno de ellos, sus sueños y sus deseos fluirán con los deseos de la naturaleza. Entonces podrá liberar sus intenciones, sin apego, y limitarse a esperar el tiempo adecuado para que sus deseos fructifiquen y se hagan realidad. Puede estar seguro de que cuando el tiempo sea adecuado, sus deseos se manifestarán. Ésta es la *Ley del mínimo esfuerzo*.

Aplicación de la Ley
del mínimo esfuerzo

LLEVARÉ a la práctica la *Ley del mínimo esfuerzo* comprometiéndome a dar los pasos siguientes:

1. Practicaré la *aceptación*. Hoy aceptaré a las personas, las situaciones, las circunstancias y los sucesos tal como ocurran. Sé que *este momento es tal como debe ser*, porque todo el universo es tal como debe ser. No lucharé contra todo el universo luchando contra este momento. Mi aceptación es total y completa. Acepto las cosas tal como son en este momento, y no tal como deseo que fueran.

2. Habiendo aceptado las cosas tal como son, asumiré la *responsabilidad* de mi situación y de las circunstancias que veo como problemas. Sé que asumir la responsabilidad signi-

fica no echar a nadie ni a nada la culpa de mi
situación, ni siquiera a mí mismo. Sé también
que todo problema es una oportunidad ca-
muflada, y esta atención a las oportunidades
me permite tomar este momento y transformarlo en un beneficio superior.

3. Hoy, mi atención quedará establecida en la
indefensión. Renunciaré a la necesidad de defender mi punto de vista. No sentiré ninguna
necesidad de convencer ni de persuadir a los
demás para que acepten mi punto de vista.
Me mantendré abierto a todos los puntos de
vista y no estaré apegado rígidamente a nin-
guno de ellos.

5

LA LEY DE LA INTENCIÓN Y DEL DESEO

*Es inherente a cada intención y a cada deseo
el mecanismo para su realización (...) la intención
y el deseo, en el campo de la potencialidad pura,
tienen un poder organizador infinito.*

*Y cuando introducimos una intención
en el terreno fértil de la potencialidad pura,
ponemos a trabajar para nosotros
este poder organizador infinito.*

En el principio existía el deseo, que fue la primera semilla de la mente; los sabios han meditado en sus corazones y han descubierto por su sabiduría la conexión de lo existente con lo no existente.

Himno de la Creación del *Rig Veda*

LA quinta Ley espiritual del éxito es la *Ley de la intención y del deseo*. Esta Ley se basa en el hecho de que la energía y la información están por todas partes en la naturaleza. En concreto, al nivel del campo cuántico no existe nada que no sea energía e información. El «campo cuántico» no es más que otro nombre del campo de la conciencia pura o de la potencialidad pura. Y este campo cuántico es influido por la intención y por el deseo. Examinemos con detalle este proceso.

Cuando se disgrega una flor, un arco iris, un árbol, una hoja de hierba, un cuerpo humano, en sus componentes esenciales, vemos que están compuestos de energía y de información. Todo el universo, en su naturaleza esencial, es el *movimiento* de la energía y la información. La única diferencia entre un árbol y nosotros es el contenido informativo y energético de nuestros respectivos cuerpos.

A nivel material, tanto el árbol como nosotros estamos compuestos de unos mismos elementos reciclados: principalmente de carbono, hidrógeno, oxígeno y nitrógeno, y de otros elementos en cantidades minúsculas. Estos elementos se podrían comprar en una droguería por un par de dólares. Por lo tanto, la diferencia entre el árbol y nosotros no es el carbono ni el hidrógeno ni el oxígeno. En realidad, estamos intercambiando constantemente nuestro carbono y nuestro oxígeno con el árbol. La verdadera diferencia entre los dos se encuentra en la energía y en la información.

Dentro del plan de la naturaleza, usted y yo formamos parte de una especie privilegiada. Tenemos un sistema nervioso que es capaz de ser *consciente* del contenido energético e informativo de ese campo localizado que da origen a nuestro cuerpo físico. *Conocemos* este campo subjetivamente, bajo la forma de nuestros pensamientos, sentimientos, emociones, deseos, recuerdos, instintos, impulsos y creencias. Este mismo campo lo conocemos objetivamente bajo la forma del cuerpo físico; y, a través del cuerpo físico, conocemos este campo bajo la forma del mundo.

Pero todo es la misma sustancia. Por eso proclamaban los antiguos videntes: «Yo soy eso; tú eres eso; todo esto es eso; y eso es todo lo que hay.»

Nuestro cuerpo no está apartado del cuerpo del universo, pues a los niveles de la mecánica cuántica no existen límites bien definidos. Somos como una sacudida, una onda, una fluctuación, una circunvolución, un remolino, una perturbación local en el campo cuántico más general. El campo cuántico más general —el universo— es nuestro cuerpo ampliado.

No sólo es capaz el sistema nervioso humano de ser consciente de la información y de la energía de su propio campo cuántico, sino que, dado que la conciencia humana es infinitamente flexible a través de este sistema nervioso maravilloso, somos capaces de modificar conscientemente el contenido informativo que da origen a nuestro cuerpo físico. Podemos modificar conscientemente el contenido energético e informativo de nuestro *propio* cuerpo mecánico cuántico, e influir, por lo tanto, sobre el contenido energético e informativo de nuestro cuerpo ampliado —nuestro entorno, nuestro mundo—, y hacer que se manifiesten cosas en él.

Este cambio consciente es producido por las dos cualidades inherentes en la conciencia: la atención y la intención. La atención carga de energía, y la intención transforma. Cualquier cosa sobre la que dirijamos nuestra atención cobrará fuerza en nuestra vida. Cualquier cosa de la que retiremos nuestra atención se marchitará, se desintegrará y desaparecerá. La intención, por su parte, desencadena la transformación de la energía y de la información. La intención organiza su propia realización.

La cualidad de *intención* sobre el objeto de la *atención* organizará una cantidad infinita de sucesos en el espacio-tiempo para producir el resultado que esperamos, siempre que sigamos las demás Leyes espirituales del éxito. Esto se debe a que la intención, en el terreno fértil de la atención, tiene un poder infinito de organización. El poder infinito de organización equivale al poder de organizar una cantidad infinita de sucesos en el espacio-tiempo, todos a la vez. Vemos la manifestación de este poder infinito de organización en cada hoja de hierba, en cada flor de manzano, en cada célula de nuestro cuerpo. La vemos en todo lo que está vivo.

En el plan general de la naturaleza, todo está correlacionado y conectado con todo lo demás. La marmota sale de su madriguera y sabemos que va a llegar la primavera. Las aves emprenden su migración en una dirección determinada y en una época determinada del año. La naturaleza es una sinfonía. Y esa sinfonía se está organizando silenciosamente en el terreno último de la creación.

El cuerpo humano es otro buen ejemplo de esta sinfonía. Una sola célula del cuerpo humano está haciendo unos seis billones de cosas por segundo, y tiene que saber lo que están haciendo todas las demás células al mismo tiempo. El cuerpo humano puede hacer música, matar microbios, formar un niño, recitar poesía y observar el movimiento de las estrellas, todo a la vez, porque el campo de la correlación infinita forma parte de su campo de información.

Lo que tiene de notable el sistema nervioso de la especie humana es que puede dar órdenes a este poder organizador infinito por medio de la intención consciente. En la especie humana, la intención no está fijada ni encerrada en una red rígida de energía y de información. Tiene una flexibilidad infinita. En otras palabras, mientras usted no viole las otras Leyes de la naturaleza, a través de su intención puede dar órdenes, literalmente, a las Leyes de la naturaleza para que realicen sus sueños y sus deseos.

Puede poner a trabajar para usted la computadora cósmica, con su poder organizador infinito. Puede dirigirse a aquel terreno último de la creación e introducir una intención, y por el sencillo hecho de introducir la intención, activará el campo de la correlación infinita.

La intención sienta las bases para el flujo espontáneo, libre de esfuerzos y de roces, de la potencialidad pura que aspira a expresarse de lo no manifiesto en lo manifiesto. La única advertencia es que usted debe utilizar su intención para el bien de la humanidad. Esto se producirá espontáneamente cuando esté alineado con las siete Leyes espirituales del éxito.

*   *   *

La intención es el poder verdadero que está detrás del deseo. La intención, por sí sola, es muy poderosa, pues la intención es deseo sin apego al resultado. El deseo, por sí solo, es débil, porque para la mayoría de las personas el deseo es atención con apego. La intención es deseo con adhesión estricta a todas las demás Leyes, pero sobre todo a la *Ley del desapego*, que es la sexta Ley espiritual del éxito.

La intención acompañada de desapego conduce al conocimiento del momento presente, centrado en la vida. Y los actos son más efectivos cuando se realizan con conocimiento del momento presente. Entonces, nuestra *intención* es para el futuro, pero nuestra *atención* está en el presente. Mientras su atención esté en el presente, se manifestará su intención para el futuro, pues el futuro se crea en el presente. Debe aceptar el presente tal como es. Acepte el presente y tenga intenciones para el futuro. El futuro es algo que usted siempre puede crear por medio de la intención desapegada, pero nunca debe luchar contra el presente.

El pasado, el presente y el futuro son propiedades de la conciencia. El pasado es recuerdo, memoria; el futuro es expectativa; el presente es conciencia. Por lo tanto, el tiempo es el movimiento del pensamiento. Tanto el pasado como el futuro nacen en la imaginación; sólo el presente, que es conocimiento, es verdadero y eterno. Es. Es la potencialidad del espacio-tiempo, de la materia y de la energía. Es un campo eterno de posibilidades que se conoce a sí mismo en forma de fuerzas abstractas, ya sean de luz, de calor, de electricidad, de magnetismo o de gravedad. Estas fuerzas no están en el pasado ni en el futuro. Simplemente, están.

Nuestra interpretación de estas fuerzas abstractas nos aporta la experiencia de los fenómenos concretos y de las formas concretas. Las interpretaciones recordadas de las fuerzas abstractas generan la experiencia del pasado; las interpretaciones expectantes de esas mismas fuerzas abstractas generan el futuro. Éstas son las cualidades de atención en la conciencia. Cuando estas cualidades se liberan de la carga del pasado, entonces la acción en el presente se convierte en terreno fértil para la creación del futuro.

La intención, asentada en esta libertad, desapegada, del presente, sirve de catalizador para que el combinado adecuado de materia, energía y espacio-tiempo cree aquello mismo que deseamos.

Si tenemos conocimiento del momento presente centrado en la vida, entonces los obstáculos imaginarios —que son más de un noventa por ciento de los obstáculos que vemos— se desintegran y desaparecen. Los obstáculos restantes, que son entre un cinco y un diez por ciento, se pueden transmutar en oportunidades por medio de la intención apuntada.

La intención apuntada es aquella cualidad de la atención que es inflexible en su fijeza de propósito. Mantener apuntada la intención significa dirigir nuestra atención sobre el resultado esperado con un propósito tan inflexible que nos negamos absolutamente a permitir que los obstáculos consuman y disipen la cualidad centrada de nuestra atención. Se produce una exclusión total y completa de los obstáculos en nuestra conciencia. Somos capaces de mantener una serenidad inamovible mientras nos comprometemos con nuestra meta con pasión intensa. Éste es el poder del conocimiento desapegado y de la intención centrada y apuntada, cuando actúan simultáneamente.

Aprenda a domeñar el poder de la intención y podrá crear cualquier cosa que desee. También puede obtener resultados esforzándose y afanándose, pero tendrán su coste. El coste es el estrés, los ataques al corazón y el mal funcionamiento de su sistema inmunológico. Es mucho mejor seguir los cinco pasos siguientes basados en la *Ley de la intención y del deseo*. Cuando usted siga estos cinco pasos para realizar sus deseos, la intención generará su propio poder:

1. Entre en el hueco. Es decir, céntrese en el espacio silencioso entre los pensamientos, entre en el silencio, en ese nivel de Ser que es su estado esencial.

2. Una vez establecido en ese estado de ser, libere sus intenciones y sus deseos. Cuando se encuentra realmente en el hueco, no hay pensamiento, no hay intención; pero cuando sale

del hueco —en la encrucijada entre hueco y pensamiento— introduce la intención. Si usted tiene una serie de objetivos, puede anotarlos por escrito y centrar en ellos su atención antes de entrar en el hueco. Si quiere tener éxito en su carrera profesional, por ejemplo, entre en el hueco con esa intención, y la intención ya estará allí como un tenue parpadeo en su conocimiento. Liberar sus intenciones y sus deseos en el hueco significa plantarlos en el terreno fértil de la potencialidad pura y esperar que florezcan a su debido tiempo. A usted no le interesa desenterrar las semillas de sus deseos para ver si están creciendo, ni apegarse rígidamente al modo en que se desenvolverán. Lo único que le interesa es liberarlas.

3. Manténgase en el estado de referencia sobre el yo. Es decir, siga establecido en el conocimiento de su verdadero Yo, su espíritu, su conexión con el campo de la potencialidad pura. Esto también significa que no debe mirarse a sí mismo a través de los ojos del mundo, ni permitirse a sí mismo dejarse influir por las opiniones y por las críticas de los demás. Un

medio útil para conservar este estado de referencia sobre el yo es mantener reserva acerca de nuestros deseos: no los comparta con nadie, si no es con una persona que tenga exactamente los mismos deseos que usted y con la que mantenga vínculos estrechos.

4. Renuncie a su apego al resultado. Es decir, abandone su apego rígido a un resultado determinado y viva en la sabiduría de la incertidumbre. Esto supone disfrutar de cada momento en el viaje de la vida, aunque no conozcamos el resultado final.

5. Deje que el universo se ocupe de los detalles. Cuando libera en el hueco sus intenciones y deseos, éstos tienen un poder organizador infinito. Confíe en que este poder organizador infinito organice todos los detalles por usted.

Recuerde que su naturaleza verdadera es de espíritu puro. Lleve consigo la conciencia de su espíritu a dondequiera que vaya, libere delicadamente sus deseos, y el universo se ocupará de los detalles por usted.

Aplicación de la Ley
de la intención y el deseo

LLEVARÉ a la práctica la *Ley de la intención y del deseo* comprometiéndome a dar los pasos siguientes:

1. Prepararé una lista de todos mis deseos. Llevaré conmigo esta lista dondequiera que vaya. Repasaré la lista antes de mis ratos de silencio y de meditación. La repasaré antes de acostarme por la noche. La repasaré cuando me despierte por la mañana.

2. Liberaré esta lista de deseos y la someteré al vientre de la creación, confiando en que, cuando las cosas no parecen marchar a mi favor, es por un motivo, y en que el plan cósmico tiene para mí unos designios mucho más grandiosos todavía que los que yo he concebido.

3. Me recordaré a mí mismo que debo practicar el conocimiento del momento presente en todos mis actos. Me negaré a permitir que los obstáculos consuman y disipen la calidad de mi atención en el momento presente. Aceptaré el presente tal como es, y manifestaré el futuro a través de mis intenciones y deseos más profundos y más apreciados.

6

LA LEY
DEL DESAPEGO

*En el desapego se encuentra la sabiduría
de la incertidumbre (...) en la sabiduría
de la incertidumbre se encuentra la libertad
con respecto a nuestro pasado, con respecto
a lo conocido, que es la cárcel
del condicionamiento pasado.*

*Y en nuestra disposición a adentrarnos
en lo desconocido, el campo de todas
las posibilidades, nos sometemos
a la mente creativa que dirige la
danza del universo.*

Como dos pájaros dorados posados en un mismo árbol, amigos íntimos, el ego y el Yo habitan el mismo cuerpo. El primero come los frutos dulces y agrios del árbol de la vida, mientras el segundo observa con desapego.

El Upanisad Mundaka

LA sexta Ley espiritual del éxito es la *Ley del desapego*. La *Ley del desapego* dice que para adquirir cualquier cosa en el universo físico es preciso renunciar al apego a esa misma cosa. Esto no quiere decir que abandonemos la intención de crear nuestro deseo. No abandonamos la intención, ni abandonamos el deseo. Abandonamos nuestro apego al resultado.

Esta acción es muy poderosa. En el momento en que renunciemos al apego al resultado, combinando la intención apuntada con el desapego simultáneamente, tendremos todo lo que deseamos. Todo lo que usted desee lo puede adquirir a través del desapego, pues el desapego se basa en la fe sin reparos en el poder de su Yo verdadero.

El apego, por su parte, se basa en el miedo y en la inseguridad; y la necesidad de seguridad se basa en la falta de conocimiento del Yo verdadero. La fuente de la riqueza, de la abundancia, o de cualquier otra cosa en el mundo físico es el Yo; es la conciencia que sabe satisfacer todas las necesidades. Todo lo demás es un símbolo: los automóviles, las casas, los billetes de banco, la ropa, los aviones. Los símbolos son transitorios: van y vienen. Perseguir los símbolos es como conformarse con un plano en lugar del terreno verdadero. Así se genera angustia; acabamos sintiéndonos huecos y vacíos, porque cambiamos nuestro Yo por los símbolos de *nuestro* Yo.

El apego procede de la conciencia de la pobreza, pues el apego siempre se dirige a símbolos. El desapego es equivalente a la conciencia de la riqueza, pues con el desapego existe libertad para crear. Sólo con la participación desapegada podemos tener alegría y buen humor. Así, los símbolos de la riqueza se crean espontáneamente y sin esfuerzo. Sin desapego, somos cautivos del desvalimiento, de la desesperanza, de las necesidades mundanas, de las preocupaciones triviales, de la desesperación callada y de la seriedad, que son los rasgos característicos de la existencia diaria mediocre y de la conciencia de la pobreza.

La verdadera conciencia de la riqueza es la capacidad de tener cualquier cosa que deseamos, en el momento en que la deseamos y con el mínimo esfuerzo. Para estar asentados en esta experiencia debemos estar asentados en la sabiduría de la incertidumbre. En esta incertidumbre encontraremos la libertad para crear cualquier cosa que deseemos.

La gente busca constantemente seguridad, y usted descubrirá que la búsqueda de la seguridad es, en realidad, una cosa muy efímera. El propio apego al dinero es señal de inseguridad. Usted podría decirse: «Cuando tenga X millones estaré seguro. Entonces seré económicamente independiente y me retiraré. Entonces haré todas las cosas que quiero hacer de verdad.» Pero nunca sucede así. *Nunca* sucede así.

Los que buscan la seguridad se pasan una vida entera persiguiéndola sin encontrarla nunca. No deja de ser huidiza y efímera, pues la seguridad no puede proceder exclusivamente del dinero. El apego al dinero siempre nos producirá inseguridad, por mucho dinero que tengamos en el banco. En realidad, algunas de las personas que más dinero tienen en el banco son de las más inseguras.

La búsqueda de la seguridad es una ilusión. Según las antiguas sabidurías tradicionales, la solución a todo este dilema se encuentra en la sabiduría de la inseguridad, o de la incertidumbre. Esto quiere decir que la búsqueda de la seguridad y de la certidumbre es, en realidad, un *apego* a lo conocido. Y ¿qué es lo conocido? Lo conocido es nuestro pasado. Lo conocido no es otra cosa que la cárcel del condicionamiento pasado. En ello no hay ninguna evolución. Y cuando no hay evolución, hay estancamiento, entropía, desorden y descomposición.

La incertidumbre, por su parte, es el terreno fértil de la creatividad y la libertad puras. La incertidumbre supone adentrarse en lo desconocido en cada momento de nuestra existencia. Lo desconocido es el campo de todas las posibilidades, siempre frescas, siempre nuevas, siempre abiertas a la creación de nuevas manifestaciones. Sin incertidumbre y sin lo desconocido, la vida no sería más que la repetición trillada de recuerdos gastados. Nos volvemos víctimas del pasado, y nuestro verdugo de hoy es el yo que nos queda de ayer.

Renuncie a su apego a lo conocido, adéntrese en lo desconocido, y se adentrará en el campo de todas las posibilidades. Su disposición a adentrarse en lo desconocido le aportará por añadidura la sabiduría de la incertidumbre. Esto quiere decir que en cada momento de su vida tendrá emoción, aventura, misterio. Vivirá la alegría de la vida, la magia, la fiesta, el regocijo y la exaltación de su propio espíritu.

Puede buscar todos los días la emoción de lo que puede suceder en el campo de todas las posibilidades. Cuando sienta la incertidumbre, estará en el buen camino: no abandone. No es necesario que tenga una idea completa y rígida de lo que hará la semana que viene o el año que viene, pues si tiene una idea muy clara de lo que le va a suceder y se apega rígidamente a la misma, está cerrando *toda una gama de posibilidades*.

Una de las características del campo de todas las posibilidades es la correlación infinita. El campo puede organizar una cantidad infinita de sucesos en el espacio-tiempo para producir el resultado que esperamos. Pero cuando estamos apegados, nuestra intención se queda atascada en un esquema mental rígido y perdemos la fluidez, la creatividad y la espontaneidad inherentes al campo. Cuando nos apegamos, congelamos nuestro deseo, que de aquella fluidez y flexibilidad infinitas se endurece formando un marco rígido que obstaculiza todo el proceso de la creación.

La *Ley del desapego* no obstaculiza a la *Ley de la intención y del deseo* por el establecimiento de objetivos. Seguimos teniendo la intención de avanzar en un sentido determinado, seguimos teniendo un objetivo. Pero entre el punto A y el punto B existen infinitas posibilidades. Teniendo añadida la incertidumbre, podemos cambiar de sentido en cualquier momento si encontramos un ideal superior, o si encontramos algo más emocionante. También es menos probable que impongamos soluciones forzadas a los problemas, lo que nos permite mantenernos atentos a las oportunidades.

La *Ley del desapego* acelera todo el proceso de la evolución. Cuando comprendemos esta Ley, no nos sentimos obligados a imponer soluciones forzadas. Cuando imponemos soluciones forzadas a los problemas, no hacemos más que crear problemas nuevos. Pero cuando centramos nuestra atención en la incertidumbre y contemplamos la incertidumbre mientras esperamos con expectación que surja la solución del caos y de la confusión, entonces lo que surge es algo muy fabuloso y emocionante.

Este estado de alerta, de preparación en el presente, en el campo de la incertidumbre, se encuentra con nuestro objetivo y con nuestra intención y nos permite asir la oportunidad. ¿Qué es la oportunidad? Está contenida dentro de todos los problemas que tenemos en nuestra vida. Cada uno de los problemas que tenemos en nuestra vida es la semilla de la oportunidad de obtener un beneficio mayor. Cuando usted lo perciba así, se abrirá a toda una gama de posibilidades; y así se mantienen vivos el misterio, la emoción y la aventura.

Usted puede ver en cada uno de los problemas que tiene en su vida la oportunidad de un beneficio mayor. Puede mantenerse atento a las oportunidades a fuerza de estar asentado en la sabiduría de la incertidumbre. Cuando su estado de preparación se encuentre con la oportunidad, la solución aparecerá espontáneamente.

El resultado de todo esto es lo que suelen llamar «buena suerte». La buena suerte no es más que la reunión de la preparación y la oportunidad. Cuando las dos se reúnan con una observación atenta del caos, surgirá una solución que le aportará un beneficio evolutivo a usted y a todos los que mantengan un contacto próximo con usted. Ésta es la receta perfecta para el éxito, y se basa en la *Ley del desapego*.

Aplicación de la Ley
del desapego

LLEVARÉ a la práctica la *Ley del desapego* comprometiéndome a dar los pasos siguientes:

1. Hoy me comprometeré a practicar el desapego. Me permitiré a mí mismo y a los que me rodean la libertad de ser tal como somos. No impondré rígidamente mi idea de cómo deben ser las cosas. No impondré soluciones forzadas a los problemas, creando así nuevos problemas. Intervendré en todo con participación desapegada.

2. Hoy añadiré la incertidumbre como ingrediente esencial de mi experiencia. En mi disposición a aceptar la incertidumbre, encontraré soluciones que surgirán del problema, de la confusión, del desorden y del caos.

Cuanto más inciertas parezcan las cosas, más seguro me sentiré yo, pues la incertidumbre es el camino que me conduce a la libertad. Encuentro mi seguridad a través de la sabiduría de la incertidumbre.

3. Me adentraré en el campo de todas las posibilidades y esperaré la emoción que puede producirse cuando me mantengo abierto a un número infinito de opciones. Cuando me adentre en el campo de todas las posibilidades, viviré toda la alegría, la magia y el misterio de la vida.

7

LA LEY DEL DHARMA O DEL PROPÓSITO EN LA VIDA

Todos tenemos un propósito en la vida (...)
un don singular o un talento especial
que podemos dar a los demás.

Y cuando combinamos este talento singular
con el servicio a los demás, conocemos
el éxtasis y la exaltación de nuestro
propio espíritu, que es la finalidad
última de todos los objetivos.

Cuando trabajas, eres como una flauta a través de cuyo corazón el susurro de las horas se convierte en música.

(...) Y ¿qué es trabajar con amor? Es tejer el paño con hilos que nos sacamos del corazón, como si nuestra amada fuese a ponerse ese paño...

JALIL GIBRAN, *El Profeta*

L A séptima Ley espiritual del éxito es la *Ley del dharma*. «Dharma» es una palabra sánscrita que significa «propósito en la vida». La *Ley del dharma* dice que nos hemos manifestado bajo forma física para cumplir un propósito. El campo de la potencialidad pura es la divinidad en su esencia, y lo divino asume forma humana para cumplir un propósito.

Según esta Ley, cada uno de nosotros tiene un talento singular y una manera singular de expresarlo. Existe algo que cada uno de nosotros puede hacer mejor que nadie más en todo el mundo; y para cada talento singular y para cada expresión singular de ese talento existen también unas necesidades singulares. Cuando estas necesidades se corresponden con la expresión creativa de nuestro talento, ésa es la chispa que crea la abundancia. La expresión de nuestro talento para satisfacer necesidades crea riqueza y abundancia·ilimitadas.

Si pudiésemos implantar este pensamiento en los niños desde el primer momento, veríamos el efecto que tiene sobre sus vidas. De hecho, yo lo hice así con mis propios hijos. Les dije una y otra vez que estaban aquí por una razón y que tenían que encontrar por sí mismos cuál era aquella razón. Ellos me oyeron decir esto desde los cuatro años. Cuando tenían aproximadamente la misma edad, les enseñé también a meditar, y les dije: «No quiero que os preocupéis nunca, jamás, de ganaros la vida. Si sois incapaces de ganaros la vida cuando seáis mayores, yo me haré cargo de vosotros, de modo que no os preocupéis de eso. No quiero que os centréis en rendir mucho en la escuela. No quiero que os centréis en sacar las mejores notas ni en ir a las mejores universidades. Lo que quiero de verdad es que os centréis en preguntaros a vosotros mismos cómo podéis servir a la humanidad, y en preguntaros a vosotros mismos cuáles son vuestros talentos singulares. Porque tenéis un talento singular que no tiene nadie más, y tenéis una manera especial de expresar ese talento y nadie más la tiene.» Con el tiempo, fueron a las mejores escuelas, consiguieron las mejores notas, y son singulares incluso en la universidad, en el sentido de que son autosuficientes económicamente, pues están *centrados en lo que han venido a entregar*. Ésta es, pues, *la Ley del dharma*.

*   *   *

La *Ley del dharma* tiene tres componentes. El primer componente dice que cada uno de nosotros estamos aquí para descubrir nuestro Yo verdadero, para que averigüemos por nuestra cuenta que nuestro Yo verdadero es espiritual, que somos esencialmente seres espirituales que nos hemos manifestado bajo forma física. No somos unos seres humanos que tenemos experiencias espirituales de cuando en cuando. Es al contrario: somos unos seres espirituales que tenemos experiencias humanas de cuando en cuando.

Cada uno de nosotros estamos aquí para descubrir nuestro yo superior o nuestro yo espiritual. Ésta es la primera realización de la *Ley del dharma*. Debemos descubrir por nuestra cuenta que dentro de nosotros se encierra un dios o una diosa en estado embrionario que quiere nacer para que nosotros podamos expresar nuestra divinidad.

El segundo componente de la *Ley del dharma* es la expresión de nuestros talentos singulares. La *Ley del dharma* dice que todo ser humano tiene un talento singular. Usted tiene un talento singular en su expresión, tan singular que no existe nadie vivo sobre este planeta que tenga ese talento, o esa expresión de ese talento. Esto significa que hay algo que usted es capaz de hacer de una manera determinada mejor que nadie más en todo este planeta. Cuando lo está haciendo, pierde la noción del tiempo. Cuando está expresando ese talento singular que usted posee —que en muchos casos pueden ser más de un talento singular—, la expresión de ese talento lo lleva a un conocimiento intemporal.

El tercer componente de la *Ley del dharma* es el servicio a la humanidad: servir a nuestro prójimo humano y preguntarnos: «¿Cómo puedo ayudar? ¿Cómo puedo ayudar a todos aquellos con los que entro en contacto?» Cuando usted combina la capacidad de expresar su talento singular con el servicio a la humanidad, entonces está haciendo un uso pleno de la *Ley del dharma*. Y sumada a la vivencia de su propia espiritualidad, el campo de la potencialidad pura, no habrá *nada* que le cierre el acceso a la abundancia ilimitada, pues ésa es la manera en que se consigue *verdaderamente* la abundancia.

Ésta no es una abundancia temporal; es permanente, gracias a su talento singular, a su manera de expresarlo y a su servicio y dedicación a su prójimo humano, que descubre haciéndose la pregunta: «¿Cómo puedo ayudar?», en lugar de preguntarse: «¿Qué gano yo con esto?»

La pregunta «¿Qué gano yo con esto?» pertenece al diálogo interno del ego. La pregunta «¿Cómo puedo ayudar?» pertenece al diálogo interno del espíritu. El espíritu es ese dominio de nuestra conciencia donde conocemos nuestra universalidad. Simplemente por cambiar nuestro diálogo interno de «¿Qué gano yo con eso?» a «¿Cómo puedo ayudar?», dejamos atrás automáticamente al ego y nos adentramos en los dominios de nuestro espíritu. Si bien la meditación es el medio más útil para entrar en los dominios del espíritu, el simple cambio de nuestro diálogo interno al «¿Cómo puedo ayudar?» nos servirá también para acceder al espíritu, a ese dominio de nuestra conciencia donde conocemos nuestra universalidad.

Si usted quiere aprovechar al máximo la *Ley del dharma*, tiene que establecer varios compromisos.

Primer compromiso: voy a buscar a mi yo superior, que está más allá de mi ego, a través de la práctica espiritual.

Segundo compromiso: voy a descubrir mis talentos singulares; y, una vez descubiertos mis talentos singulares, voy a disfrutar, porque el proceso de disfrutar se produce cuando entro en un conocimiento intemporal. Eso sucede cuando estoy en un estado de dicha.

Tercer compromiso: voy a preguntarme a mí mismo en qué sentido estoy mejor dotado para servir a la humanidad. Voy a responder a esta pregunta y llevarla a la práctica a continuación. Voy a aplicar mis talentos singulares para servir a las necesidades de mi prójimo humano; haré corresponder esas necesidades con mi deseo de ayudar y servir a los demás.

Tome un papel y prepare una lista de las respuestas a las dos preguntas siguientes. Pregúntese a sí mismo qué haría, suponiendo que no tuviese problemas de dinero y que dispusiese de todo el tiempo y el dinero del mundo. Si haría lo mismo que está haciendo actualmente, entonces está en el dharma, pues tiene *pasión* por lo que hace: está expresando sus talentos singulares. A continuación, pregúntese a sí mismo: ¿En qué sentido estoy mejor capacitado para servir a la humanidad? Responda a esta pregunta y llévela a la práctica.

Descubra su divinidad, encuentre su talento singular, sirva con él a la humanidad, y podrá generar toda la riqueza que quiera. Cuando sus expresiones creativas se correspondan con las necesidades de su prójimo humano, entonces la riqueza fluirá espontáneamente desde lo no manifiesto hasta lo manifiesto, desde el reino del espíritu hasta el mundo de la forma. Empezará a vivir su vida como una expresión milagrosa de la divinidad; no sólo de cuando en cuando, sino todo el tiempo. Y conocerá la verdadera alegría y el verdadero significado del éxito: el éxtasis y la exaltación de su propio espíritu.

Aplicación de la Ley del dharma o del propósito en la vida

LLEVARÉ a la práctica la *Ley del dharma* comprometiéndome a dar los pasos siguientes:

1. Hoy nutriré con amor al dios o a la diosa que está muy dentro de mi alma en estado embrionario. Prestaré atención al espíritu que está dentro de mí y que anima tanto mi cuerpo como mi mente. Me despertaré a esta profunda quietud que está dentro de mi corazón. Llevaré conmigo la conciencia del Ser intemporal, eterno, dentro de la experiencia temporal.

2. Prepararé una lista de mis talentos singulares. Después, prepararé una lista de todas las cosas que me gusta hacer mientras expreso mis talentos singulares. Cuando expreso mis talen-

tos singulares y los pongo al servicio de la humanidad, pierdo la noción del tiempo y genero abundancia en mi vida, así como en las vidas de los demás.

3. Me preguntaré todos los días: «¿Cómo puedo servir?» y «¿cómo puedo ayudar?» Las respuestas a estas preguntas me permitirán ayudar y servir con amor a mi prójimo humano.

Sumario y conclusión

Quiero conocer los pensamientos de Dios (...) el resto son detalles.

ALBERT EINSTEIN

LA mente universal organiza la coreografía de todo lo que está sucediendo en miles de millones de galaxias con una precisión elegante y con una inteligencia inalterable. Su inteligencia es definitiva y suprema, y llega hasta cada fibra de la existencia: desde lo más pequeño hasta lo más grande, desde el átomo hasta el cosmos. Todo lo que vive es una expresión de esta inteligencia. Y esta inteligencia actúa a través de las siete Leyes espirituales.

Si observamos cualquier célula del cuerpo humano, veremos en su funcionamiento la expresión de estas Leyes. Toda célula, ya sea una célula del estómago, o del corazón, o del cerebro, tiene su nacimiento en la *Ley de la potencialidad pura*. El ADN es un ejemplo perfecto de la potencialidad pura; de hecho, es la *expresión material* de la potencialidad pura.

Un mismo ADN existe en todas las células y se expresa de maneras diferentes para satisfacer los requisitos singulares de esa célula concreta.

Cada célula actúa también a través de la *Ley de la entrega*. La célula está viva y sana cuando se encuentra en un estado de equilibrio y de estabilidad. Este estado de equilibrio es un estado de plenitud y de armonía, pero se mantiene gracias a un dar y tomar constante. Cada célula entrega algo y apoya a todas las demás, y es nutrida a su vez por todas las demás células. La célula se encuentra siempre en un estado de flujo dinámico, y el flujo no se interrumpe nunca. De hecho, el flujo es la esencia misma de la vida de la célula. Y sólo manteniendo este flujo de entrega es capaz la célula de recibir y de continuar así su existencia vibrante.

La *Ley del karma* es ejecutada de manera exquisita por todas las células, pues en la inteligencia de cada una está incorporada la respuesta más adecuada y exacta para cada situación que se va produciendo.

La *Ley del mínimo esfuerzo* también es ejecutada de manera exquisita por cada célula del cuerpo: la célula cumple su trabajo con una eficacia callada, en un estado de atención tranquila.

A través de la *Ley de la intención y del deseo*, cada intención de cada célula domeña el poder infinito de organización de la inteligencia de la naturaleza. Incluso una intención sencilla, como la de metabolizar una molécula de azúcar, pone en marcha inmediatamente en el cuerpo una sinfonía de sucesos en la cual tienen que segregarse cantidades precisas de hormonas en momentos preciso para convertir esta molécula de azúcar en energía creativa pura.

Naturalmente, cada célula expresa la *Ley del desapego*. Está desapegada del resultado de sus intenciones. No tropieza ni titubea, porque su conducta es una función del conocimiento del momento presente, centrado en la vida.

Cada célula expresa también la *Ley del dharma*. Cada célula debe descubrir su propia fuente, el yo superior; debe servir a sus semejantes y expresar sus talentos singulares. Las células del corazón, del estómago y del sistema inmunológico tienen su origen, todas ellas, en el yo superior, en el campo de la potencialidad pura. Y, dado que están conectadas directamente con esta computadora cósmica, pueden expresar sus talentos singulares con una facilidad libre de esfuerzos y con un conocimiento intemporal. Sólo expresando sus talentos singulares pueden mantener tanto su propia integridad como la integridad de todo el cuerpo. El diálogo interno de cada célula del cuerpo humano es: «¿Cómo puedo ayudar?» La célula del corazón quiere ayudar a las células del sistema inmunológico; las células del sistema inmunológico quieren ayudar a las células del estómago y de los pulmones, y las células del cerebro están escuchando a todas las demás células y ayudándolas. Cada una de las células del cuerpo humano tiene una única función: ayudar a todas las demás células.

Observando la conducta de las células de nuestro propio cuerpo podemos observar la manifestación más extraordinaria y eficiente de las siete Leyes espirituales. Éste es el genio de la inteligencia de la naturaleza. Éstos son los pensamientos de Dios: el resto son detalles.

*   *   *

Las *Siete Leyes espirituales del éxito* son unos principios poderosos que le permitirán alcanzar el dominio sobre sí mismo. Si presta atención a estas Leyes y practica los pasos que se describen en este libro, descubrirá que puede hacer manifestarse cualquier cosa que quiera; toda la abundancia, el dinero y el éxito que usted desee. Descubrirá también que su vida se vuelve más alegre y abundante en todos los sentidos, pues estas Leyes son también las Leyes espirituales de la vida que hacen que valga la pena vivir.

La aplicación de estas Leyes en su vida diaria sigue una secuencia natural que puede ayudarle a recordarlas. La *Ley de la potencialidad pura* se vive a través del silencio, a través de la meditación, a través de la abstinencia de juicios de valor, a través de la comunión con la naturaleza, pero se activa por la *Ley de la entrega*. El principio de ésta es aprender a entregar lo mismo que se busca. Así es como se activa la *Ley de la potencialidad pura*. Si usted busca la abundancia, entregue abundancia; si busca dinero, entregue dinero; si busca amor, aprecio y afecto, aprenda a entregar amor, aprecio y afecto.

A través de sus actos en la *Ley de la entrega* usted activa la *Ley del karma*. Crea buen karma, y el buen karma lo facilita todo en la vida. Usted advierte que no tiene que gastar demasiado esfuerzo para satisfacer sus deseos, lo que lo lleva automáticamente a comprender la *Ley del mínimo esfuerzo*. Cuando todo es fácil y libre de esfuerzos, y sus deseos se están realizando constantemente, usted empieza a comprender espontáneamente la *Ley de la intención y del deseo*. La realización de sus deseos con una facilidad libre de esfuerzos le facilita la práctica de la *Ley del desapego*.

Por fin, cuando empieza a comprender todas las Leyes anteriores, empieza también a centrarse en su verdadero propósito en la vida, lo que lo conduce a la *Ley del dharma*. Por medio del uso de esta Ley, expresando sus talentos singulares y satisfaciendo las necesidades de su prójimo humano, usted empieza a crear todo lo que desea, siempre que lo desea. Se vuelve despreocupado y alegre, y su vida se convierte en una expresión de amor sin límites.

S OMOS viajeros en un viaje cósmico: polvo de estrellas que gira y baila en los remolinos del infinito. La vida es eterna. Pero las expresiones de la vida son efímeras, momentáneas, transitorias. El Buda Gautama, fundador del budismo, dijo en cierta ocasión:

> *Esta existencia nuestra es tan transitoria como las nubes de otoño. Contemplar el nacimiento y la muerte de los seres es como mirar los movimientos de una danza.*
>
> *Una vida es como un relámpago en el cielo; Corre como un torrente por la ladera empinada de una montaña.*

Nos hemos detenido un momento a encontrarnos, a conocernos, a amarnos, a compartir. Éste es un momento precioso, pero es transitorio. Es un pequeño paréntesis en la eternidad. Si compartimos con interés, con ligereza de corazón y con amor, crearemos abundancia y alegría los unos para los otros. Y entonces este momento habrá merecido la pena.

El autor

DEEPAK Chopra es una figura célebre en todo el mundo en el terreno de la medicina mente-cuerpo y del potencial humano. Es autor de once libros de éxito, entre ellos *Ageless Body, Timeless Mind*; *Quantum Healing*, y *Creating Affluence*, así como de numerosos programas en vídeo y en casete para mejorar la salud y el bienestar. Sus libros se han traducido a más de veinticinco idiomas, y pronuncia frecuentes conferencias en América del Norte, América del Sur, la India, Europa, el Japón y Australia. Actualmente es director ejecutivo del Instituto de la Medicina Mente-Cuerpo y del Potencial Humano en Sharp HealthCare, en San Diego, California.